Die Geschichte der Emmaus-Jünger den Kindern erzählt

von Maria-Regina Bottermann-Broj

mit Bildern von Gertrud Schrör

Verlag Butzon & Bercker Kevelaer

Für meine Tochter Felizitas,
geboren am 30.10.1986:

daß sie IHN immer dann erkennt,
wenn ER ihr das Brot bricht …

Frau Elisabeth Rippe, Immenhausen,
danke ich herzlich
für das Erstellen des Manuskriptes.

Stell dir vor,
da sind zwei Menschen,
die haben
ihren besten Freund verloren,
mehr noch:
den Menschen,
den sie liebgehabt haben
wie sonst niemanden auf der Welt.
Wie wird es ihnen wohl gehen?
Ja, du hast recht:
Sie sind sehr traurig.
Sie sind ohne jede Hoffnung.
Ihr Kopf und ihr Herz
sind ganz leer.

Sie können nichts Schönes mehr
sehen und fühlen.
Immerzu müssen sie
an den Freund denken,
den sie verloren haben.

Dann sind da noch die anderen,
die ständig erzählen:
„Wißt ihr noch,
wie es war,
als er bei uns war?
Was er alles getan hat
für uns und andere?
Erinnert ihr euch noch daran,
was er alles zu uns gesagt hat?"

Du verstehst bestimmt,
daß die zwei
in ihrer großen Trauer
all diese Fragen
nicht mehr aushalten können.
Sie wollen weg.
Sie wollen fliehen
vor den Menschen
und all den Fragen,
die sie stellen.

Deshalb gehen sie fort.
Es ist nicht Feigheit,
was sie dazu treibt.
Es ist der Schmerz,
der immer dann noch größer wird,
als er ohnehin schon ist,
wenn andere sie
an ihren Freund erinnern.

Genau so,
wie wir es gerade
miteinander überlegt haben,
erging es auch zwei Männern,
von denen
das Lukasevangelium erzählt.
Einer der Männer hieß Kleopas;
den Namen des anderen
wissen wir nicht.
Sie waren auf der Flucht:
weg von den Menschen,
weg von alldem,
was sie in Jerusalem
erlebt hatten.
Ihr Ziel war das elf Kilometer
entfernte Dorf Emmaus.
Ein weiter Weg!
Aber, wenn man so traurig ist,
wie die zwei es waren,
achtet man gar nicht darauf,
wie weit man laufen muß.
Hauptsache,
man kommt weg von dem Ort,
wo alles Schlimme
und Traurige begann,
eben weg von Jerusalem.

Was aber hatte die zwei
so traurig gemacht?
Sie waren ganz enge und gute Freunde
von Jesus gewesen,
mehr noch: Er war für sie der,
auf den sie all ihre Hoffnungen
gesetzt hatten,
all ihre Wünsche und Sehnsüchte.
Sie hatten gehofft,
mit ihm und durch ihn
würde endlich Frieden werden
in ihrem Land,
das von Soldaten belagert war.
Alle Menschen würden
friedlich miteinander leben.
Keiner bräuchte mehr zu hungern.
Kranke würden geheilt.
Tote würden zum Leben erweckt.
Gottes Reich, so dachten sie,
wäre auf Erden angebrochen.
Ja, Gottes Liebe würde
Platz nehmen in der Welt
für immer und ewig.

Du meinst, das sei ein bißchen
zu hoch gegriffen?
Du meinst, die zwei haben
ein bißchen gesponnen?
Eben nicht!
Sie hatten all das ja wirklich
mit und bei Jesus erlebt.

Wenn er da war,
in seiner Gegenwart,
gingen die Menschen ganz neu
und anders miteinander um,
weil sie seinen Worten glaubten.
Hungernde hatte er satt gemacht,
das hatten sie selbst
des öfteren erlebt.
Kranke hatte er geheilt.
Tote hatte er zum Leben erweckt.
Jesus hatte nur Gutes getan.
Deshalb verstanden sie nicht,
was plötzlich geschehen war.
Sie fanden keine Erklärung dafür,
daß die Soldaten
Jesus gefangennahmen,
vor das Gericht stellten
und ihn zum Tod am Kreuz verurteilten.
Deshalb war ihre Hoffnung kaputt,
am Boden zerstört.
Deshalb wollten sie
weg von Jerusalem.
„Nur nicht mehr an all das denken;
es bricht uns das Herz",
so dachten sie.
Als könne man,
wenn man vor etwas wegläuft,
wirklich vergessen,
was einem so weh getan hat.

Eine lange Strecke
gingen sie schweigend.
Dann sprachen sie miteinander.
Sie erzählten einander,
was sie mit Jesus erlebt hatten,
so als wäre der andere
nie dabeigewesen.
Sie mußten das tun.
Es war wie ein innerer Zwang,
der auf ihnen lag.
Sie wollten sich gegenseitig
noch einmal und noch einmal
an alles erinnern,
was geschehen war,
so als müßten sie sich
gegenseitig versprechen,
es nie zu vergessen.
Währenddessen war es schon
dämmerig geworden.
Sie hatten Mühe, den Weg zu finden,
denn zu ihrer Zeit
gab es weder Taschenlampen
noch Straßenlaternen.
Sie konnten sich nur am Mond
und an den Sternen orientieren.

An einer Wegkreuzung trat plötzlich
ein Fremder auf sie zu:
„Darf ich mit euch gehen?
Es wird schon dunkel,
und ich kenne den Weg nicht.
Gemeinsam werden wir ihn
besser finden",
so sagte er.
„Natürlich, komm mit uns!
Diebe warten oft auf einen,
der allein läuft.
Zusammen sind wir geschützt",
antworteten die beiden
fast wie aus einem Mund.
Schließlich waren sie es
von der Zeit mit Jesus her gewöhnt,
daß viele kurzentschlossen kamen,
um mit ihm und seinen Jüngern
und Jüngerinnen zu gehen.
Außerdem war
Gastfreundschaft anzubieten
eines von Jesu
obersten Geboten gewesen.
Das hatten sie
durchaus nicht vergessen.

Nach einer langen Zeit
des Schweigens,
in der sie wortlos
nebeneinander gingen,
fragte der Fremde:
„Ihr seht so traurig und bedrückt aus.
Was ist mit euch?
Ist euch etwas Schlimmes geschehen?"

Tapfer drängten sie
ihre Tränen zurück.
Was sollte der Fremde
von ihnen denken?
„Weißt du, wir kommen aus Jerusalem",
erklärten sie ihm.
„Hast du nicht gehört,
was dort geschehen ist?
Sie haben unseren Freund getötet.
Sein Name war Jesus.
Sie hatten überhaupt keinen Grund,
das zu tun.
Er war der beste Mensch,
den wir kennen.
Er war gut zu allen.
Er sprach davon,
daß Gottes Reich auf der Erde
beginnen soll.
Das sagte er, und so lebte er auch.
Aber das gefiel denen nicht,
die an der Macht sind.
Sie sagten: ‚Dieser Jesus spinnt.
Er muß weg. Er verdirbt die Menschen.
Seinetwegen glauben sie an Gott,
aber nicht mehr an uns.'
Deshalb haben sie ihn umgebracht,
und das bricht uns das Herz."

Der Fremde hatte ihnen zugehört,
ruhig und ganz gelassen.
Dann sagte er:

„Ich verstehe, daß ihr traurig seid.
Auch dort, wo ich herkomme,
haben Frauen und Männer
von Jesus erzählt.
Aber sie sagten auch,
Jesus habe davon gesprochen,
daß er zu seinem Vater,
zu Gott, geht, um wiederzukommen.
Vielleicht mußte er sterben
und wollte dies auch,
um in einer ganz neuen,
ganz anderen Weise bei euch zu sein.
Ihr sagt: ‚Jesus ist tot',
aber euer Mund läuft fast über,
so viel habt ihr einander
und nun auch mir zu erzählen
in Erinnerung an ihn.
Wer aber so stark in der Erinnerung
von anderen weiterlebt,
der kann nicht wirklich tot sein,
der lebt
– auf eine ganz besondere Weise –
in den Menschen weiter."

Noch vieles erzählten sie sich
auf dem Weg.
Die Jünger staunten über all das,
was der Fremde ihnen erklärte.
Fast gewannen sie den Eindruck,
als hätte der Fremde selbst
Jesus gekannt.

Plötzlich sahen sie
die kleinen Häuser von Emmaus
vor sich stehen.
Sie sagten zu dem Fremden:
„Wir könnten noch stundenlang
mit dir weitergehen und reden.
Aber wir sind angekommen."
Der Fremde antwortete:
„Dann ist es Zeit,
Abschied voneinander zu nehmen.
Ich danke euch für eure Begleitung
und die Gespräche mit euch.
Sie haben mir gutgetan.
Nun aber muß ich weiterziehen.
Ich habe noch
einen langen Weg vor mir."
Kleopas fiel ihm fast ins Wort,
als er sagte:
„Nein, Herr, du solltest
nicht alleine weiterwandern
um diese Zeit,
mitten in der Dunkelheit.
Bleib bei uns; komm mit ins Haus!
Iß und trink mit uns,
stärke dich, und ruh dich aus!
Morgen kannst du immer noch
deinen Weg fortsetzen."
Das sagte er,
weil er tief in seinem Herzen
den Wunsch verspürte,
noch länger
mit diesem Fremden zusammenzusein
und reden zu können,
der so vieles von Jesus verstand.
Ähnlich erging es dem anderen Jünger.
Es war so,
als wäre ein Stück von Jesus
zu ihnen zurückgekehrt.
Nachdem sie ihn verloren hatten,
wollten sie nicht auch noch
dieses gute Gefühl verlieren.
Der Fremde antwortete
– und es klang so,
als hätte er insgeheim
auf diese Worte gewartet
und darauf gehofft –:
„Ich danke euch für eure Einladung.
Ich bleibe gern mit euch zusammen."

Sie setzten sich gemeinsam
an einen Tisch.
Vor ihnen standen
ein großer Teller mit Brot
und Krüge mit Wein.
Da nahm der Fremde das Brot,
sprach darüber das Dankgebet,
brach das Brot
und gab jedem ein Stück.
Kleopas und dem anderen Jünger
fiel es wie Schuppen von den Augen:
Das Brot nehmen,
Gott danken,
es brechen und austeilen –
das kannten sie doch!
Das hatte doch
Jesus selbst so getan,
als sie dabeiwaren,
am Gründonnerstagabend,
bevor er verhaftet
und dann gekreuzigt wurde.

Gleichzeitig fuhren sie sich
mit ihren Händen über die Augen,
so als müßten sie sich vergewissern,
nicht geträumt zu haben.
Dann schauten sie einander an
und den Platz,
auf dem der Fremde saß.
Aber der war leer.
Der Fremde war fort.

Und plötzlich wußten sie:
„Es war Jesus selbst,
der uns begleitet hat
auf unserem Weg.
Er selbst war es,
der uns erklärt hat,
warum er gestorben ist.
Er selbst war es,
der uns zeigen wollte:
Ich bin bei euch,
heute und morgen,
alle Tage eures Lebens
bis ans Ende der Welt."

Noch lange sprachen die beiden
über das, was sie erlebt hatten.
Dann sagte Kleopas:
„Eigentlich ist es nicht richtig,
was wir tun.
Wir sitzen hier,
reden und reden
und sind glücklich darüber,
daß wir Jesus wiedergefunden haben,
und wissen,
daß er nicht tot ist,
sondern lebt.
Die anderen aber,
unsere Freundinnen und Freunde,
fürchten sich immer noch
und sind vor lauter Trauer
wie am Boden zerstört."
„Du hast recht, Kleopas",
antwortete der andere.
„Es ist zwar schon Mitternacht,
aber schlafen kann ich jetzt nicht.
Was hältst du davon,
wenn wir nach Jerusalem zurückgehen
und den anderen alles erzählen,
damit auch sie
wieder glücklich sein können?"
Gesagt, getan:
Sie machten sich auf den Weg.

Erst auf ein geheimes Klopfzeichen
öffnete sich die Tür.
Die Jüngerinnen und Jünger
saßen zusammen,
fast so wie sie es
beim Abschied von Kleopas
und seinem Freund getan hatten.
Einige Frauen weinten immer noch.
Aber auch vielen Männern
standen die Tränen in den Augen.
Da riefen die zwei den anderen zu:
„Was sitzt ihr hier
und blast Trübsal?
Warum seid ihr noch traurig?
Ihr habt keinen Grund mehr dazu!
Wir haben Jesus gesehen.
Er ist nicht tot!
Er lebt!
Er wird für immer bei uns sein."
Und sie erzählten den Frauen
und Männern ganz genau,
was geschehen war.
Natürlich reichte das nicht aus:
Immer und immer wieder
mußten sie ihr Erlebnis schildern,
bis auch die und der Letzte
begriffen hatte:
„Jesus ist wirklich
von den Toten auferstanden."

Dann setzten sich alle zusammen.
Sie nahmen Brot, dankten Gott,
brachen es
und teilten es unter sich aus.
Jede und jeder spürte:
„Wir sind eine Familie.
Wir sind
die Schwestern und Brüder Jesu.

Wenn wir an ihn denken,
von ihm sprechen
und zuhören,
wenn andere von ihm erzählen,
wenn wir das Brot brechen
und es unter uns austeilen,
dann ist Jesus selbst
unter uns und bei uns:
in unseren Herzen,
in unseren Köpfen,
in unseren Händen
bis ans Ende unseres Lebens,
bis ans Ende der Welt!"

Weitere biblische Geschichten von Maria-Regina Bottermann-Broj:

Die Schöpfung den Kindern erzählt
Mit Bildern von Heide Mayr-Pletschen (ISBN 3-7666-9730-7)

Die Geschichte von der Arche Noach den Kindern erzählt
Mit Bildern von Margarete Koplin (ISBN 3-7666-9879-6)

Die Geburt Jesu den Kindern erzählt
Mit Bildern von Matthias Heitzer (ISBN 3-7666-0029-X)

Die Geschichte vom blinden Bartimäus den Kindern erzählt
Mit Bildern von Claus Danner (ISBN 3-7666-9918-0)

Die Geschichte von Zachäus den Kindern erzählt
Mit Bildern von Gertrud Schrör (ISBN 3-7666-9955-5)

Die Geschichte von der Brotvermehrung den Kindern erzählt
Mit Bildern von Gertrud Schrör (ISBN 3-7666-9958-X)

Das Geschehen von Palmsonntag und Gründonnerstag den Kindern erklärt
Mit Bildern von Susanne Malessa (ISBN 3-7666-9928-8)

Die Geschichte der Maria von Magdalena den Kindern erzählt
Mit Bildern von Gertrud Schrör (ISBN 3-7666-9929-6)

Die Deutsche Bibliothek – CIP-Einheitsaufnahme

Die **Geschichte der Emmaus-Jünger den Kindern erzählt** / von Maria-Regina Bottermann-Broj. Mit Bildern von Gertrud Schrör. – 2. Aufl. – Kevelaer: Butzon und Bercker, 1997
ISBN 3-7666-9900-8

ISBN 3-7666-9900-8

2. Auflage 1997

© 1994 Verlag Butzon & Bercker D-47623 Kevelaer
Alle Rechte Vorbehalten
Texterfassung: Elisabeth von der Heiden, Geldern
Lithos: Qualitho GmbH, Essen
Druck und Bindearbeiten: Benatzky, Hannover